Héroes y heroínas
de las virtudes humanas

Enrique Jiménez Lasanta

Ilustrado por Maribel Lechuga

EDICIONES PALABRA
MADRID

1ª edición, septiembre 2013
2ª edición, abril 2016
3ª edición, agosto 2019
4ª edición, febrero 2025

© Enrique Jiménez Lasanta, 2024
© Ediciones Palabra, S.A., 2025
  Paseo de la Castellana, 210 — 28046 MADRID (España)
  Telf.: (34) 91 350 77 20 — (34) 91 350 77 39
  www.palabra.es
  palabra@palabra.es
© Ilustraciones: Maribel Lechuga

Diseño y maquetación: Equipo editorial
ISBN: 978-84-1368-398-0
Depósito Legal: M-23.930-2024
Impresión: Safekat, S.L.
Printed in Spain - Impreso en España

Héroes y heroínas
de las virtudes humanas

Enrique Jiménez Lasanta

Ilustrado por **Maribel Lechuga**

Índice

Relación alfabética de virtudes humanas que se contemplan en este libro:

Introducción

Un niño, vecino del gran escultor Miguel Ángel Buonarroti, entró un día en su taller y se encontró con un enorme bloque de mármol que le habían traído de la cantera. Unos meses más tarde volvió de nuevo a curiosear por allí y encontró en el mismo sitio la bellísima escultura de Moisés. Se volvió al escultor y le preguntó: «¿Cómo sabías que dentro del mármol estaba Moisés?».

Todos llevamos dentro un héroe o una heroína, algo muchísimo más atractivo que el Moisés de Miguel Ángel; debemos descubrirlo.

A esto se encamina este libro: a entusiasmarse con llegar a ser héroes o heroínas y conseguir así un mundo más humano.

El profeta Isaías escribió una frase que anima a tomarse en serio este libro: «Aprended a hacer el bien». De eso se trata, de aprender a practicar las virtudes. Algunas cosas nos salen siempre muy bien y sin esfuerzo, otras salen a veces y con mucho esfuerzo, y, por último, algunas no nos han salido nunca. Por ejemplo, a base de repetir actos de agradecimiento conseguimos que cada vez nos cueste menos y que lo pasemos mejor dando las gracias: hemos conseguido la virtud humana de la gratitud. Después nos fijamos en otra y después, en otra; así siempre.

Hay muchísimas virtudes humanas y las pueden adquirir todas las personas: niños y niñas, cristianos y no cristianos,

ricos y pobres, altos y bajos, gordos y flacos. La virtud nos hace felices y hace más felices a los demás.

Para que una actitud sea virtud hacen falta dos cosas: que sea algo bueno y que se realice habitualmente: el que es generoso por un día no se puede decir que tenga la virtud de la generosidad.

Las virtudes facilitan los actos buenos, nos acercan a Dios y hacen a las personas muy atractivas a los ojos de los demás. Es una gozada tratar con un alma alegre, comprensiva, generosa, elegante, sencilla... y así podríamos seguir hasta agotar todas las cualidades que pueden adornar a una niña o a un niño.

A lo largo de la historia han existido personas que han destacado por vivir algunas virtudes de manera heroica: son héroes o heroínas. Ellos nos animan a hacer el bien y ser cada vez más virtuosos.

No hace falta que leas este libro siguiendo el orden de las páginas. Cuando notes que algo falla o tengas interés en mejorar alguna virtud, busca por orden alfabético lo que te interesa, lee, piensa y decide algunos propósitos: pocos, concretos y que se puedan medir. Aquí ves un ejemplo de dos objetivos para un a semana; los resultados fueron los siguientes:

	L	M	X	J	V	S	D
ORDEN Control de portazos	10	7	8	4	3	3	2
LABORIOSIDAD Lectura (en minutos)	10	10	20	25	30	30	30

Este libro no se ha escrito para entretenerte admirando a personas que han vivido heroicamente alguna virtud, sino para animarte a mejorar tú en las virtudes humanas. ¿Cómo? Practica los actos que se proponen, descubre otros actos parecidos o pregunta a tus padres o educadores qué más puedes hacer. Los héroes y las heroínas no nacen, se hacen. El bloque de mármol no hizo absolutamente nada para mostrar al Moisés que ocultaba; nosotros sí que debemos repetir actos virtuosos para conseguir el héroe o la heroína que llevamos dentro.

Los santos han sido heroicos en todas las virtudes, también en las sobrenaturales, en este caso es indispensable la actuación del Artista divino.

Afabilidad

San Francisco de Sales fue obispo de Ginebra y tuvo muchas dificultades en su labor debido a la extensión de la herejía calvinista, pero él reaccionaba siempre con una sonrisa en los labios, también cuando le insultaban. Resultaba enormemente atractivo por su sencillez en el trato, amabilidad y paciencia.

Se le atribuye el siguiente dicho: «Caza más moscas una gota de miel que un barril de vinagre».

En cierta ocasión, dos asesinos que habían recibido dinero para matarle salieron espada en mano dispuestos a cumplir su propósito; san Francisco les miró y con enorme afabilidad les convenció de que no lo hicieran. Ellos se arrepintieron y le pidieron perdón. Con abundante oración, su dulzura para exponer la verdad —de palabra o por escrito—, y su enorme paciencia, consiguió que se convirtieran al catolicismo varios miles de protestantes.

Es el patrono de los periodistas y escritores católicos.

- ✓ Procuraré una convivencia alegre; evitaré palabras o gestos inoportunos, groseros o malhumorados.

- ✓ Debo aprender que algunas veces tengo razón y otras, no.

- ✓ Alabaré con medida lo que otros hacen bien. Aprenderé a decir «no» sin herir.

- ✓ Intentaré dominar la situación: callar lo hiriente y suavizar las correcciones.

- ✓ Escucharé con gusto las informaciones que expongan los demás: juegos, excursiones, aficiones, ideas religiosas o políticas.

- ✓ Repetiré lo mismo, sin enfadarme, las veces que haga falta, a las personas que lo necesitan (sordas, discapacitadas...).

- ✓ Me preguntaré: ¿Se habrá quedado contenta esta persona con la que he hablado?

Alegría

Montserrat Grases fue una joven catalana muy alegre.

Le gustaba la música, el canto, los bailes; hacía muchas excursiones, pues le encantaba estar en contacto con la naturaleza. Tenía una pierna afectada por un tumor maligno que le producía unos dolores horribles; a pesar de eso, su alegría era contagiosa y constante. Sus padres le anunciaron que los médicos habían pronosticado que moriría pronto, pero esta noticia no disminuyó su serenidad ni borró la sonrisa de sus labios. Su madre se extrañó al ver la inmensa alegría de Montse y un día le preguntó:

—Montse, ¿crees que te vas a curar?

—No —contestó ella—, pido a Dios que me dé fuerzas para ser fiel hasta el último momento.

Un día de bastante sufrimiento pidió que abrieran las ventanas: «Quiero tener luz, que esté todo bien alegre. ¿Por qué no cantamos algo?».

Pedía algo muy difícil de cumplir, especialmente para su padre, que, con lágrimas en los ojos, se escondía detrás del periódico para ocultar su pena. Montse se dio cuenta y le animó: «Papá, ¡que no te oigo!, quiero que estéis alegres».

Hubo un cristiano del siglo segundo que se llamaba Hermas, era hermano del papa Pío I. Escribió un libro titulado *El Pastor* en el que animaba a ser alegres. Un ángel vestido de pastor dio a Hermas doce mandamientos. El décimo decía, entre otras cosas: «Revístete de alegría y buen ánimo. Una persona alegre obra el bien, gusta de las cosas buenas y agrada a Dios; en cambio, la persona triste siempre obra el mal».

✓ Cuando venga la tristeza, el malhumor o el desánimo, pondré los medios para que desaparezcan: leer un cómic, recordar algo agradable o un chiste...

✓ Cuidaré prudentemente el descanso y la alimentación.

✓ Procuraré servir, cantar y contar chistes.

✓ Consolar al triste es una preciosa obra de misericordia que me propongo practicar más a menudo; siempre que se presente la ocasión.

Amabilidad

Los héroes no nacen, se hacen. El pequeño Josemaría tenía un carácter muy fuerte que, en ocasiones, le hacía antipático y desagradable: no quería sentarse a la mesa en una silla alta para niños y repetía gritando: «No quiero, no quiero».

Protestaba cuando le ponían pimientos; una vez le pusieron un guiso cocinado con tomate, se enfadó muchísimo y tiró el plato contra la pared; se conoce que tampoco le gustaba mucho el tomate. Se escondía debajo de la cama cuando venían visitas a su casa o cuando tenía que estrenar ropa. Le deshacía las trenzas a su hermana mayor tirándole de las cintas en cuanto se descuidaba...

Pero, con esfuerzo, se hizo muy amable, sonriente y comprensivo. Escuchaba con atención a un estudiante pelmazo a quien no le aguantaba nadie. Saludaba a los Ángeles Custodios de las personas con las que se encontraba. Cedía el paso a su Ángel de la Guarda al abrir una puerta. Obsequiaba a los enfermos con sus visitas y con muchos detalles de cariño... Ahora está en el Cielo. Se llama san Josemaría Escrivá.

✓ Recordaré los gustos de los demás sobre temas preferidos de conversación, alimentos, música, películas, etc. Así podré tener muchos detalles de cariño.

✓ Procuraré que, cuando alguien me caiga mal, no lo note.

✓ Respetaré a todos, pero especialmente a las personas mayores.

✓ Para gozar de una amable convivencia es algo elemental saludar cordialmente, dar las gracias, perdonar y pedir perdón, sonreír y despedirme correctamente.

Amistad

«Nadie tiene amor más grande que el que da la vida por sus amigos».

Esta frase la dijo Jesús de Nazaret; no solo la dijo, sino que la cumplió al día siguiente de pronunciarla. Jesús es el superhéroe de la amistad: dio la vida por todos sus amigos que somos nosotros; Jesús es el Amigo de todos los hombresde todos los tiempos. En el Huerto de los Olivos llamó amigo a Judas, el traidor.

✓ Quiero a mis amistades por ser quienes son y no porque me beneficien o me diviertan.

✓ Las quiero con sus virtudes y sus defectos, con sus éxitos y sus fracasos.

✓ Saldré en su defensa cuando alguien ataque a mis amigos.

✓ Si se ausentan, estaré en contacto telefónico, postal o whatsapp.

✓ Conoceré a sus padres y hermanos y procuraré que conozcan a los míos.

Audacia

José de Arimatea era un hombre rico, bueno y justo; fue discípulo de Jesús a escondidas porque temía a los judíos ya que era un destacado consejero del Sanedrín (el Tribunal Supremo del pueblo elegido).

Nicodemo era un maestro principal entre los judíos; el Evangelio cuenta que una noche fue a visitar a Jesús y tuvo una extensa conversación con Él.

Estos dos discípulos fueron audaces en un momento muy difícil: todos los apóstoles, menos Juan, habían huido; Pedro en el atrio del Pontífice había negado conocer a Jesús; los judíos gritaban a Pilato que lo crucificara y este se lo entregó; los que pasaban junto a la Cruz insultaban al Rey de los judíos y Jesús entregó su espíritu después de mucho sufrimiento. En medio de ese ambiente contrario y disparatado, dos hombres dan la cara por Jesús y actúan con decisión: José de Arimatea se atrevió a presentarse ante Pilato para pedirle el cuerpo muerto de Jesús, lo bajó de la Cruz, lo envolvió en una sábana que había comprado y lo puso en un sepulcro suyo excavado en la roca muy cerca del Calvario. Nicodemo, que ya había defendido a su Maestro en otra ocasión («¿acaso nuestra Ley condena a un hombre antes de oírle y averiguar lo que hizo?»), cuando murió Jesús, llevó unas cien libras de mirra y áloe (unos treinta kilos) para embalsamar el cuerpo del Señor como acostumbraban a hacer los judíos.

✓ «Si Dios está con nosotros, ¿quién contra nosotros?». Algún propósito de mejora se puede presentar difícil, lejano o incómodo... ¡A por él!

✓ Mi Custodio y yo podemos más que cualquier enemigo.

✓ Cualquiera consigue lo fácil; lo difícil, solamente los audaces.

Bondad

Natalia, a sus doce años, era una auténtica heroína. La semilla de bondad que Dios pone en nuestros corazones germinó en esta niña y dio frutos abundantes en forma de protección a su hermano ciego de nacimiento. La disposición natural a hacer el bien se desarrolló en Natalia de una manera extraordinaria: «No pongas la mano aquí, hay un enchufe; te pongo bien la servilleta para que no te manches; cuidado, que viene un escalón; rodea este charco por la derecha; espera un momento, el semáforo está en rojo...».

Por la noche, después de rezar, le leía un cuento para que se durmiera.

Natalia era la compañera más querida de la clase, pues continuamente estaba dispuesta a servir a las demás: «Veo que se te ha olvidado la goma de borrar, toma este trozo; ten cuidado, esta zona está muy resbaladiza; ¿a qué queréis que juguemos?». Siempre se mostraba amable, sonriente y dispuesta a hacer favores.

✓ Procuraré fijarme más en las virtudes de los demás que en sus defectos.

✓ Haré el bien aunque me hagan mal o piense que no lo van a agradecer.

✓ Me preguntaré: «¿Por qué le caigo mal a esta persona?». Posiblemente la culpa sea mía. Inmediatamente buscaré el remedio para solucionar este problema.

Cariño

Álvaro celebraba su quinto cumpleaños. Sus padres y hermanos le habían colmado de atenciones; por la tarde tenía los bolsillos llenos de caramelos y sus padres decidieron poner a prueba su cariño con algo muy difícil.

Papá se acercó a su hijo y le pidió un caramelo. El niño no lo dudó ni un instante, con gran rapidez metió la mano en el bolsillo y sacó dos caramelos, uno para papá y otro para mamá. Álvaro percibió la sonrisa de cariño de sus padres, muchísimo más valiosa que los dos caramelos.

Mamá hizo señas a papá para que le pidiera otro caramelo; el niño soltó una carcajada mientras metía de nuevo las manos en los bolsillos y les daba otro caramelo. Cuando papá le pidió por tercera vez un caramelo, Álvaro se vació los bolsillos, se los entregó todos y les dio un abrazo muy grande a cada uno.

✓ Mis padres y mis hermanos son los mejores amigos; se merecen más atenciones que mis amigos más íntimos, que todos mis compañeros y que mi mascota.

✓ Mi casa no es un hotel, es un hogar de familia. Debo derrochar cariño y atender a todos sus miembros, especialmente a los pequeños y a los enfermos.

✓ Dar cosas está bien: juguetes, chuches, etc.; pero dar tiempo, compañía, ayuda y agradecimiento es más difícil y valioso.

Ciudadanía

Dios creó a Adán y enseguida pensó: «No es bueno que el hombre esté solo». Esta es la expresión bíblica que expresa la necesidad que tenemos los seres humanos de vivir en sociedad. Y Dios creó a Adán, Eva, Abel, Caín, Enoc, Irad, Mejuyael... muchísimos más, y tú y yo. Cualquier ser humano que vive en sociedad debe procurar el bien de todos, también el suyo.

San Pablo apóstol fue un ciudadano romano que se mostraba muy orgulloso de su lugar de nacimiento: «Yo soy judío, originario de Tarso, ciudad ilustre de Cilicia... educado en esta ciudad e instruido a los pies de Gamaliel».

No solo cumplía sus deberes como buen ciudadano, sino que animaba a cumplirlos a los demás cristianos: «Todos han de estar sometidos a las autoridades superiores... ¿Quieres vivir sin temor a la autoridad? Haz el bien... Pagad a todos los que debáis; a quien tributo, tributo; a quien temor, temor; a quien honor, honor».

Pero san Pablo también exigía sus derechos. Estando en Jerusalén, se alborotó una muchedumbre contra él y pedía al tribuno que lo matase: «Quita a ese de la tierra, que no merece vivir». El tribuno ordenó que le azotasen. Cuando le estiraron para azotarle, dijo Pablo al centurión que estaba presente: «¿Os está permitido azotar a un romano sin haberle juzgado?». Y no le azotaron.

No vivo solo. Mi vida tiene que ver con las vidas de los demás y las vidas de los demás tienen que ver con mi vida. Con mis obras buenas o malas favorezco o perjudico a la sociedad.

✓ La ciudadanía es una virtud que me lleva a respetar a todos los ciudadanos, aunque no los conozca, y a cuidar las cosas que son de todos.

✓ Mi libertad tiene un límite: la libertad y el bienestar de los demás. Respetaré los bienes de los demás: paredes, mobiliario urbano y escolar, jardines, papeleras, material escolar...

✓ Separaré los residuos y los depositaré en los correspondientes contenedores: vidrio, envases, papel, pilas y orgánico.

✓ Mi puntualidad y atención en clase favorece el clima de trabajo de todos y, por lo tanto, contribuyo a que haya en el futuro ciudadanos bien preparados.

Clemencia

El emperador romano Adriano sufrió un atentado que le pudo costar la vida: cerca de Tarragona, un esclavo armado con un cuchillo se lanzó sobre él. El emperador lo desarmó con facilidad. Luego, fue muy clemente con él: no le aplicó una sentencia de muerte, como exigía la justicia de aquella época, sino que lo entregó a su médico para que le ayudara. Ese esclavo acabó convirtiéndose en un servidor muy útil.

✓ Algunas veces me encargan el cuidado de mis hermanos más pequeños; si es necesario, les corregiré con delicadeza, como me gustaría que me corrigiesen a mí.

✓ Haré el bien a todos aunque se hayan portado mal conmigo; evitaré chantajes, venganzas, acosos y amenazas a mis hermanos o compañeros.

✓ No haré juicios invariables sobre las personas. Las personas pueden convertirse como san Pablo y san Agustín, por citar dos ejemplos famosos.

Compasión

Martín pertenecía a una familia pagana. A los quince años se hizo soldado de la guardia imperial romana y a los veintiún años servía en la ciudad francesa de Amiens. Un día muy frío de invierno cabalgaba cerca de la puerta de la ciudad; iba bien abrigado con su amplia capa de guardia imperial; al poco rato se encontró a un pobre tiritando de frío. Martín sintió una enorme compasión y con su espada cortó la capa en dos partes y le dio la mitad al pobre —no podía dársela entera porque la otra mitad no era suya, pertenecía al emperador—.

Por la noche se le apareció Jesús muy sonriente y envuelto en una luz maravillosa; iba vestido con la media capa que le había dado al pobre. A raíz de este suceso se bautizó y, más tarde, fue nombrado obispo de Tours distinguiéndose por su enorme compasión hacia los pobres y necesitados. Denunció con firmeza la práctica de su tiempo que permitía a los oficiales torturar a los prisioneros para obtener información; el amor cristiano de su corazón rechazaba cualquier forma de violencia y llegó a convertirse en modelo para toda la cristiandad.

✓ Prestaré más atención a las penalidades de los demás: desgracias familiares, enfermedades, fracasos y fallos.

✓ De acuerdo con mis posibilidades, intentaré remediar las situaciones de pobreza que conozco.

✓ Consolaré a los que han sufrido alguna desgracia o disgusto.

✓ No maltrataré a los animales, esa práctica adormece los sentimientos de las personas y las hace más agresivas y menos compasivas.

Comprensión

Santa Teresita del Niño Jesús fue una religiosa carmelita del convento de Lisieux en Francia. Murió muy joven: a los 24 años se fue al Cielo. Es patrona de los misioneros porque rezaba muchísimo por estas vocaciones y ella misma hubiera querido ir a misiones.

En un manuscrito cuenta un suceso que le ayudó mucho a ser más comprensiva con las demás monjas. Estaba con otra carmelita cuando se oyó la voz de la hermana tornera que necesitaba ayuda. Teresa sabía perfectamente que a la otra monja le gustaría prestar ese servicio; por eso, comenzó a soltarse muy despacio el delantal que llevaba puesto, con el fin de que la otra se adelantase. La hermana tornera, al observar aquella lentitud, juzgó que Teresa no quería prestar la ayuda y así se lo manifestó. Al cabo del tiempo, la santa recordaría el gran bien que le hizo aquel equívoco para evitar juzgar a la ligera las aparentes flaquezas de sus hermanas del convento.

- ✓ Procuraré darme cuenta del estado de ánimo de las personas: cansancio, enfado, disgusto, preocupación, enfermedad, ignorancia... Y obrar en consecuencia.

- ✓ Es preferible jugar a buscar excusas que juzgar sin datos suficientes; además... ¡siempre nos faltarán datos!

- ✓ Intentaré ponerme en el lugar del otro para tratar de comprenderle y ayudarle.

- ✓ No me reiré cuando alguien se equivoque.

Hubo un tiempo en que los austriacos habían invadido algunos territorios suizos. Hay una preciosa leyenda que ilustra la resistencia al invasor. En la plaza de una ciudad suiza habían colocado un sombrero en representación del soberano austriaco.

Todos los que pasaran por delante deberían inclinarse ante el sombrero como muestra de respeto. Guillermo Tell, un suizo famoso por su destreza y puntería con el arco, se negó y, al instante, el gobernador mandó detenerlo, pero, al enterarse de su habilidad con el arco, le prometió dejarlo libre si acertaba a atravesar una manzana puesta a 80 pasos y colocada sobre la cabeza de su hijo. Tell confiaba en su puntería y se arriesgó; el hijo confiaba totalmente en la destreza de su padre y se colocó sin ningún temor ni temblor. La manzana no se movía ni un milímetro. La muchedumbre esperaba silenciosa.

El experto arquero tomó decidido dos flechas, colocó la primera, tensó el arco y disparó. La manzana se partió en dos pedazos.

El relato termina con un detalle novelesco: el gobernador, después de felicitarle, le preguntó por qué había tomado dos flechas.

—Si hubiese herido a mi hijo —respondió al gobernador—, esta otra flecha la hubiese dirigido a tu corazón.

La lección de este relato es que debemos fomentar la confianza de acuerdo con nuestras posibilidades y las de los demás.

✓ Confiaré en los talentos que he recibido de Dios, en lashabilidades que he desarrollado y en el esfuerzo que he realizado.

✓ A partir de hoy confiaré en todos, aunque en alguna ocasión me hayan engañado.

✓ Eliminaré de mi vocabulario las siguientes expresiones que siempre demuestran desconfianza en mi prójimo: júralo, promételo.

Constancia

Tamerlán fue un rey tártaro muy luchador; en poco tiempo llegó a dominar ocho millones de kilómetros cuadrados en Asia Central. Ahora bien, no todo fueron mieles para este gran conquistador: en una de sus campañas sufrió una tremenda derrota que le desanimó enormemente. Se retiró a su tienda, se tumbó boca arriba y, mientras miraba la lona, pensaba en abandonar el campo de batalla.

Entonces observó que una pequeña hormiga se esforzaba en subir patas arriba por la tela de su tienda. Llegaba un momento en que caía al suelo y volvía a intentarlo; otra caída y vuelta a empezar; otra caída y vuelta a empezar... Tamerlán estaba asombrado. Por fin, la hormiga consiguió subir a lo más alto de la tienda.

Tamerlán aprendió la lección de constancia que le había dado el pequeño insecto. Debía empezar de nuevo: reunió a sus hombres, les infundió valor y salió a luchar. La victoria fue espectacular.

✓ Cuando algo no me sale a la primera, no consigo nada enfadándome. Lo intentaré de nuevo con más empeño.

✓ Las buenas calificaciones responden normalmente a un trabajo constante día a día, clase a clase.

✓ Los récords no se baten en poco tiempo; la superación de un récord exige constancia en los entrenamientos, aunque se presenten dificultades para realizarlos.

Deportividad

Juan Pablo II fue un Papa muy deportista y muy deportivo, o sea: practicaba muchos deportes y tenía una actitud deportiva, un gran afán de mejorar en todos los aspectos de su vida.

En cierta ocasión dio las gracias a sus amigos de juventud porque le habían ayudado a acercarse a la naturaleza; «con ellos —decía el Papa— empecé a hacer alpinismo, esquiar, pasear en canoa y dedicarme al ciclismo».

La virtud humana de la deportividad no se refierea practicar muchos deportes, sino a tener espíritu de superación, de esfuerzo constante, de esperanza y optimismo ante los posibles fracasos y dificultades.

Para nosotros, afirmaba el Papa polaco, los montes Tatra (en su Polonia natal) significan mirar hacia arriba. El cristiano igualmente debe mirar hacia arriba, hacia el Cielo; por eso, animaba a los estudiantes a esforzarse y practicar las virtudes, a ser generosos y construir un mundo mejor:

«Solo entonces seréis importantes; las cosas importantes no pueden improvisarse, tenemos que estar preparándonos constantemente».

Juan Pablo II ya ha conseguido la Felicidad a la que aspiraba; desde el Cielo nos sigue gritando: «No tengáis miedo».

✓ No tendré miedo de hacer todo lo que debo hacer, aunque me insulten o se rían de mí por actuar así.

✓ Me concentraré en todo lo que hago: deporte, clases, deberes, encargos...

✓ He conseguido una meta; no me detengo, a por la siguiente.

✓ Bonito juego el de superar récords en aspectos positivos de mi actividad: puntualidad, calificaciones, lectura, marcas deportivas...

Diligencia

Es la virtud opuesta a la pereza. El Papa Benedicto XVI, a sus 85 años, tenía una jornada de trabajo muy apretada:

A las 6:00 se aseaba, se vestía e iba a la capilla. Rezaba y celebraba la Santa Misa y a continuación se quedaba en la capilla para rezar el breviario. Después desayunaba y se retiraba a su habitación. Hacia las 9:00 entraba en su despacho privado y trabajaba unos asuntos con su mecanógrafa. Después entraba en otro despacho para tratar la agenda del día y organizar el trabajo. A las 11:00 iniciaba las audiencias con los obispos, jefes de Estado y grupos de fieles, hasta la hora del almuerzo, normalmente con algún invitado. Antes de las 14:00 se levantaba de la mesa y daba un breve paseo con sus secretarios para despachar algunos asuntos. Por la tarde bajaba a los jardines vaticanos para rezar el Santo Rosario. Hacia las 18:00 recibía a algunos colaboradores. A continuación dedicaba un largo tiempo a la oración. Después de cenar, veía el telediario, daba un breve paseo y a las 21:00 saludaba a todos y se retiraba a trabajar durante una hora o dos antes de acostarse. Algunos días, cuando el trabajo se lo permitía, podía tocar tocar el piano.

- ✓ La diligencia no consiste en hacerse un horario lo más apretado posible, o casi imposible, sino en cumplirlo.
- ✓ Pondré la máxima atención en las clases y en la realización de los deberes.
- ✓ Mis deberes con Dios son más importantes que los demás deberes.

Docilidad

Dios creó un mundo maravilloso y después, con tierra roja, modeló al hombre. No lo dejó secar para hacer una estatua preciosa, sino que le sopló un espíritu de vida para que fuera hombre viviente y libre; sería el rey de la Creación. Y lo colocó en el Paraíso terrenal para que lo cultivase y guardase.

Esta obra maravillosa se estropeó por el pecado, pero Dios quiso modelarla de nuevo para que el hombre fuera feliz en el Paraíso celestial.

La docilidad consiste en dejarse llevar por el Espíritu divino para avanzar hacia el Cielo que Jesús nos ha abierto.

Un héroe de la virtud de la docilidad fue san José: hacía caso a Dios hasta cuando le hablaba en sueños.

—José, no temas recibir a María en tu casa; lo que ha concebido en su vientre es obra del Espíritu Santo —y al despertar recibió a su esposa.

—Levántate, toma al Niño y a su Madre y huye a Egipto —san José se levantó de noche y lo hizo.

—Levántate y vete a la tierra de Israel, pues han muerto los que atentaban contra el Niño —se levantó y regresó a su tierra.

La docilidad no es una espera bobalicona a recibir órdenes; no anula la iniciativa.

✓ Oigo órdenes y las cumplo: «ponte a hacer las tareas», y me pongo enseguida; «vete a la ducha», y me ducho; «límpiate los dientes», y los dejo blanquísimos; «a la cama», y me voy inmediatamente.

✓ Rezar no solo es hablar con Dios, también es escucharle.

✓ Considero en mi corazón los consejos de mi familia o del sacerdote.

Educación

Leonor había pedido a los Reyes Magos una muñeca con una característica especial: en tres párrafos distintos de la extensa carta les había insistido en que quería una muñeca parlante.

Llegó el día esperado y Leonor, nada más levantarse, corrió al salón a ver sus regalos. Al pie del árbol de Navidad había una gran caja; a través del papel de celofán se entreveía una muñeca preciosa: rubia, alegre, encantadora.

Leonor quedó tan entusiasmada que no se fijó en los demás regalos; la sacó de la caja y empezó a jugar con ella. La trataba con grandísimo cariño: abrazos, besos, piropos...

Por la tarde ocurrió algo inesperado: después de la siesta la vistió, la peinó y comenzó a decirle frases delicadísimas mientras la acariciaba y la aupaba en alto. De repente la agarró de las piernas y la golpeó contra la pared.

Su madre, que oyó el alboroto, acudió rápidamente a la habitación y, al ver a su hija disgustada y la muñeca hecha añicos, le preguntó por qué lo había hecho.

Leonor muy disgustada respondió: «Le he dicho muchísimas veces que la quería con locura y no me ha respondido ni una sola vez. ¡Es una malcriada! Yo no pedí una muñeca con tan mala educación».

- ✓ Aprenderé a saludar, a agradecer, a pedir las cosas por favor y a hablar con corrección.

- ✓ Dominaré los ruidos desagradables. Cuando se me escape alguno pediré perdón.

- ✓ Aprenderé a sonarme los mocos y a estornudar sin hacer mucho ruido.

- ✓ En la mesa y en el juego se conoce al caballero, y también a los niños y niñas educados. Me interesaré en comportarme bien en la mesa y en cumplir las reglas del juego.

- ✓ La buena educación no quiere saber nada de gritos, insultos y palabrotas.

- ✓ Me vestiré correctamente según la ocasión: Misa, clase, deporte, excursión, descanso.

Elegancia

José Ortega y Gasset fue un prestigioso pensador madrileño. Entre otras cosas decía: «La elegancia debe penetrar, informar la vida íntegra del hombre —desde el gesto y el modo de andar, pasando por el modo de vestirse, siguiendo por el modo de usar el lenguaje, de llevar una conversación, de hablar en público, para llegar hasta lo más íntimo de las acciones intelectuales».

Jesús fue un judío elegante: llevaba una túnica sin costuras seguramente tejida por su Madre; por eso, los soldados que le crucificaron no quisieron dividirla en cuatro partes, sino que la echaron a suertes.

Elegancia consiste en saber elegir. Supone cierto orden y armonía entre el alma y el aspecto externo. La elegancia no está reñida con ninguna virtud; se puede ser elegante y, a la vez, vivir la sobriedad, la sencillez, la pobreza o la modestia.

✓ Las personas elegantes aciertan, por su armonía interior, al elegir ropa o adornos adecuados. Al contrario, si no existe esa armonía, «aunque la mona se vista de seda, mona se queda».

✓ Procuraré utilizar expresiones y palabras elegantes.

✓ Cuidaré mi aseo y mi peinado.

✓ No imitaré gestos groseros y ofensivos, aunque se los haya visto hacer a gente famosa.

Empatía

Mahatma Gandhi era un hindú que adoraba a Cristo como una de las encarnaciones de Dios; fue el héroe nacional de la independencia de la India. Este éxito lo consiguió con métodos pacíficos. Afirmaba que la mayoría de las miserias y malentendidos del mundo terminarían si las personas se pusieran en los zapatos de sus enemigos y entendieran su punto de vista.

La virtud de la empatía nos ayuda a ponernos en lugar de los demás y a valorar y comprender su forma de pensar y actuar. Entonces me resultará fácil no juzgar, ni criticar, ni condenar. Nos lo mandó Jesús con muy pocas palabras: «No juzguéis y no seréis juzgados; no condenéis y no seréis condenados. Perdonad y seréis perdonados».

✓ Me esforzaré por entender a los demás; me fijaré bien en sus palabras, en sus ojos —espejos del alma— y en sus gestos.

✓ Daré siempre importancia a lo que me dicen los demás; así resulta más fácil comprender, valorar, animar y amar al prójimo.

✓ Escucharé, hablaré y callaré cuando convenga.

✓ Evitaré comentarios hirientes, insultos, gritos, empujones y gestos de desprecio.

Fortaleza

Antoine de Saint Exupéry fue un excelente aviador y escritor francés. En Tierra de Hombres narra la aventura de Henri Guillaumet, un amigo suyo, también aviador, que sufrió un accidente en la cordillera de los Andes.

Durante seis días y seis noches, con escasas provisiones, sin rumbo fijo, caminó sobre extensas superficies heladas. Sabía que, si se detenía, sufriría la muerte dulce por congelación; por eso frecuentemente repetía unas frases que le ayudaban a avanzar:

—Si mi mujer cree que vivo, cree que camino.

—Todos tienen confianza en mí, por lo tanto, soy un canalla si no camino».

—Lo que salva siempre es dar un paso más y después otro.

Al séptimo día, un joven pastor argentino lo encontró y lo llevó a su casa. Le reanimaron con una copa de coñac y una taza de leche de cabra con azúcar.

Por otra parte, la Biblia, en el marco de una cultura antigua, nos muestra el modelo de una verdadera heroína de la fortaleza.

«Una mujer fuerte, ¿quién la encontrará? Es mucho más valiosa que las perlas. En ella confía el corazón de su marido, y no será sin provecho. Le produce el bien, no el mal, todos los días de su vida. Se busca lana y lino y lo trabaja con manos diligentes. Es como nave de mercader que trae su provisión desde lejos. Se levanta cuando aún es de noche, da de comer a sus criados y órdenes a su servidumbre. Hace cálculos sobre un campo y lo compra; con el fruto de sus manos planta una viña. Se ciñe con fuerza sus lomos y vigoriza sus brazos. Siente que va bien su trabajo, por la noche no se apaga su lámpara... Alarga su palma al desvalido, y tiende sus manos al pobre. No teme a la nieve, pues todos los suyos tienen vestido forrado. Para sí se hace mantos, y su vestido es de lino y púrpura. Hace túnicas de lino y las vende, entrega al comerciante ceñidores. Se viste de fuerza y dignidad, y se ríe del día de mañana. Está atenta a la marcha de su casa, y no come el pan sin habérselo ganado. Se levantan sus hijos y la llaman dichosa; se levanta su marido y la alaba: "¡Muchas mujeres hicieron proezas, pero tú las superas a todas!"» (*Proverbios* 31, 10-29).

✓ Intentaré llevar bien la enfermedad, el cansancio y las desgracias.

✓ A veces deberé trabajar sin ganas; esto le ocurre a todo el mundo.

✓ No me quejaré por ciertos inconvenientes inesperados: cortes de luz o agua, comidas que no son de mi gusto, contrariedades, tiempo atmosférico...

✓ Haré lo posible para empezar y terminar mis tareasy encargos a su hora.

✓ Los mimos excesivos debilitan la voluntad; no los buscaré.

Fraternidad

Un doctor de la ley le preguntó a Jesús: «¿Quién es mi prójimo?». El Maestro le respondió con una parábola:

«Un hombre cayó en poder de unos ladrones que le desnudaron, le cargaron de azotes y se fueron dejándole medio muerto. Pasó un sacerdote y no le hizo caso; pasó un servidor del templo y tampoco le auxilió. Pero un samaritano que lo vio se acercó, le vendó las heridas y lo montó sobre su propia cabalgadura para llevarlo al mesón y cuidar de él. A la mañana le dio dinero al mesonero y le dijo: "Cuida de él y lo que gastes de más te lo pagaré a la vuelta"» (*Lucas* 10, 29-35).

Los samaritanos eran unos hombres de otra comunidad (Samaria); muchos judíos los consideraban enemigos. El samaritano de la parábola es un héroe de ficción creado por Jesús que nos anima a vivir como verdaderos hermanos de cada hombre o mujer, ¡de todos!

✓ Trataré bien a todos sin importarme su raza, religión, situación económica o equipo preferido.

✓ Desearé lo mejor para cada una de las personas que me rodean: salud, buenas notas, juguetes y, por supuesto, el Cielo.

✓ Me alegraré con sus alegrías y me compadeceré de sus desgracias; en este caso reforzaré mi compañía y mi cariño.

✓ Mis hermanos y hermanas son los prójimos más cercanos. Que se note.

La **solidaridad** es una virtud humana relacionada con la fraternidad y apunta a extender la fraternidad a otras personas menos próximas por razón de su raza, nación, pueblo y vecindad; a hombres y mujeres; cursos, clases y pandillas de amigos. Fraternidad con todos, aunque vivamos más unidos a determinadas personas.

✓ «Arrimaré el hombro» cuando se produzcan algunas necesidades extraordinarias: inundaciones, terremotos, incendios, tsunamis...

✓ Colaboraré con las diversas organizaciones, asociaciones e iniciativas que estén a mi alcance para que todos reciban los bienes materiales y espirituales que necesitan.

✓ Mis capacidades y habilidades no son únicamente para mi provecho, deben beneficiar a los demás.

Generosidad

La pequeña Lucia era la menor de siete hermanos y le encantaba la fruta; por eso, desde el comienzo del verano, vigilaba con atención los árboles que rodeaban su casa para recoger los frutos que se hallaban en sazón. Un día observó entusiasmada que habían aparecido los primeros higos; miró y remiró todas las ramas hasta que encontró uno maduro. Lo cortó rápidamente y corrió a entregárselo a su madre. Esta, conociendo la afición de su pequeña por la fruta, se conmovió con el regalo, besó a su hija y le dijo que lo guardase para repartirlo a la noche con papá y los hermanos. Un higo para nueve bocas era muy poquita cosa, pero todos apreciaron el sabor de la generosidad en aquel trocito del primer higo maduro.

La pequeña Lucia y sus primos, Jacinta y Francisco, fueron los tres pastorcillos que fueron favorecidos con la aparición de la Virgen en Fátima.

- ✓ Siempre que pueda procuraré la satisfacción de compartir: juguetes, alimentos, cuentos, películas, golosinas, pipas, cacahuetes, palomitas, refrescos...

- ✓ Pero no favoreceré el egoísmo de compañeras o compañeros abusones; a los egoístas se les debe enseñar a ser generosos.

- ✓ Daré el tesoro de mi tiempo a quienes están enfermos, aburridos o necesitan ayuda en sus estudios.

- ✓ Ante el televisor dejaré los mejores sitios a los demás y veré lo que les apetezca a ellos.

- ✓ No me aprovecharé de la inocencia o debilidad de mis hermanos pequeños.

Gratitud

Dale Carnegie era americano. De niño se crió en una granja, después fue agricultor, maestro, vendedor y, por último, escritor y profesor. Los cursos que daba y los libros que escribía eran muy interesantes: Cómo ganar amigos, Cómo dejar de preocuparse, Cómo disfrutar de la vida y el trabajo... Uno de sus relatos nos anima a ser agradecidos.

Una señora sorprendió a su marido y a sus hijos con una extraña comida. Había adornado la mesa con flores muy bonitas; todo estaba en perfecto orden: platos, cubiertos, vasos y jarra de agua, pero —y esta es la sorpresa— en cada plato había servido un puñado de heno.

Le preguntaron:

—¿Qué es esto? ¿Vamos a comer como los animales de la granja?

La mujer, que solo pretendía darles una lección, les respondió:

—No quiero que comáis heno, enseguida os traigo la comida suculenta que os he preparado, pero quiero deciros una cosa: Llevo ocho años cocinando y procuro variar los platos y presentarlos muy agradables a la vista y al gusto. Nunca se os ha ocurrido decir: ¡Qué rico está el arroz! ¡Es una sopa sabrosa! ¡El asado está estupendo! Haced el favor de decir algo; me animaría mucho para seguir trabajando con ilusión. No soy de piedra.

✓ Los mayores son muy generosos y me dicen cosas muy agradables. Daré las gracias cuando alguien me haga un favor o alabe alguna cualidad mía.

✓ La sonrisa es un gesto precioso de agradecimiento.

✓ Hay muchas maneras de dar gracias: palabras, oraciones, piruletas, bombones...

✓ Agradeceré a Dios los dones que me ha dado: familia, amigos, entendimiento y voluntad, memoria, habilidades manuales y deportivas, juguetes y, sobre todo, la gracia del Bautismo, el perdón en la Confesión y el Cuerpo de Cristo en la Eucaristía.

✓ Recordaré a quienes me dan algo y me olvidaré de lo que doy.

Honradez

Pablo era un niño de doce años muy aficionado a jugar al fútbol; destacaba más por su potencia de tiro que por su puntería. Un día, en un descampado próximo al colegio, organizó una tanda de penaltis con sus compañeros.

Delimitaron la portería con carteras y mochilas, eligieron un portero, señalaron el punto de penalti y dio comienzo el torneo.

Cuando le tocó el turno a Pablo, chutó con todas sus fuerzas y metió un golazo en un coche que estaba aparcado a la derecha de la portería; el balón atravesó el cristal de la puerta trasera y el suelo se llenó de abundantes cristalitos.

Pablo sacó una hoja de papel y escribió el siguiente mensaje: «Me llamo Pablo Sáez, soy el culpable de la rotura del cristal, lo siento. Mi teléfono es 328 962 665; por favor, póngase en contacto conmigo, estoy dispuesto a pagárselo».

Por la noche, cada vez que sonaba el teléfono, Pablo se apresuraba a descolgarlo. Por fin pudo escuchar la voz que esperaba.

—¿Pablo Sáez?

—Sí, soy yo.

—Soy el propietario del coche que has dañado esta tarde. Olvídate del pago del cristal roto; quiero premiar tu honradez. Sigue así.

Y colgó.

✓ En los juegos de mesa procuro vivir la honradez: cuento bien, no doy el cambiazo, solo veo mis cartas...

✓ Aprovecho bien las clases y estudio mucho para evitar la tentación de copiar o de falsificar las malas calificaciones.

✓ Es una falta de honradez colarse sin pagar.

✓ Si me devuelven de más en la tienda, lo diré inmediatamente.

Hospitalidad

San Isidro fue hijo de unos campesinos muy pobres y no pudo ir a la escuela. A los diez años se quedó huérfano y se puso a trabajar como pocero. Cuando los árabes llegaron a Madrid, se trasladó a Torrelaguna donde se casó con María y tuvo un hijo, Illán. La Iglesia declaró beata a la madre y su hijo murió con fama de santidad. Regresó a Madrid, donde trabajó como agricultor en una finca.

Papá Isidro, mamá María y su hijo Illán formaban una familia muy unida y acogedora. Cada año organizaban una comida e invitaban a los más pobres y marginados de Madrid.

En una ocasión recibió a un pobre en su casa. Isidro sabía perfectamente que no quedaba nada. A pesar de eso, le dijo a su esposa: «María, da a este buen hombre lo que ha sobrado en el puchero». María le dijo que no quedaba nada, pero Isidro le insistió en que rebuscara en la olla de la cocina. Ella fue a la cocina sabiendo que no iba a encontrar nada, pero se encontró con que la olla rebosaba de comida.

✓ Permitiré a mis hermanos entrar en mi cuarto, a no ser que esté haciendo algo que exija concentración.

✓ Con frecuencia invitaré a mis amistades a jugar o a estudiar en mi casa.

✓ Ahorraré para colaborar con diversas campañas: asilos de ancianos, orfanatos, proyectos hospitalarios, lugares de acogida para personas que han sufrido alguna desgracia...

Humildad

San Francisco de Asís era hijo de un rico comerciante.

Siendo joven eligió seguir a Jesucristo: renunció a la riqueza, se vistió de harapos y se dedicó a predicar el Evangelio y a cuidar leprosos. Para poder sobrevivir realizaba tareas humildes y pedía limosna. Otros muchos siguieron la misma vida y con ellos fundó la Orden Franciscana, centrada en la pobreza y la humildad.

Un día quiso subir al monte Averno para estar a solas con Dios, rezar y recuperar fuerzas, pues estaba agotado.

Un campesino del lugar lo montó en su burro y le dio conversación.

—Oye, ¿de verdad eres el hermano Francisco de Asís?

—Sí —le respondió.

—Pues procura ser tan virtuoso como la gente piensa que eres. Te aconsejo que no hagas nada que desdiga de ti.

El santo, lejos de llenarse de miedo, recibió el consejo como venido del Cielo.

Inmediatamente Francisco de Asís se bajó del burro, se arrodilló delante del campesino y le agradeció la advertencia besándole los pies.

✓ Daré la enhorabuena a los ganadores de partidos, concursos y torneos. No humillaré a los perdedores con palabras o gestos ofensivos.

✓ En mis éxitos no buscaré los aplausos y la admiración de los demás.

✓ No me enfadaré ante mis fallos, limitaciones y defectos.

✓ Recibiré sin rechistar las correcciones y me esforzaré por corregirme.

Humor

Santo Tomás Moro fue un padre de familia estupendo y un excelente jurista. Sirvió al rey de Inglaterra Enrique VIII hasta que este le acusó de alta traición: Tomás Moro no admitió algunas decisiones del rey, entre ellas, la de negar la obediencia al Papa; el rey pretendía ser la máxima autoridad de la Iglesia en Inglaterra.

Tomás Moro sufrió pena de cadena perpetua en la Torre de Londres y más tarde Enrique VIII le condenó a muerte. Ante tanta desgracia, sus hijas se quejaban y Tomás les manifestaba con enorme calma: «No podemos ir al Cielo en un colchón de plumas».

Como todos los santos, tuvo muy buen humor; mientras subía al lugar de ejecución le preguntó al verdugo: «¿Puede ayudarme a subir?, porque, para bajar, ya sabré valérmelas por mí mismo». Después se arrodilló para colocar su cabeza sobre el tronco y advirtió: «Fíjese que mi barba ha crecido en la cárcel; ella no ha sido desobediente al rey, por lo tanto no hay por qué cortarla. Permítame que la aparte». Finalmente se dirigió a los presentes: «Muero siendo un buen siervo del rey, pero primero de Dios».

✓ Trataré de una manera simpática incluso las situaciones serias.

✓ Adornaré con un chiste oportuno un ambiente tenso.

✓ Crearé a mi alrededor un ambiente feliz.

✓ Las bromas deben agradar a todos, no solo a la persona que las hace.

Justicia

Salomón fue rey de Israel. Un día se le apareció Dios y le dijo: «Pídeme lo que quieras y te lo daré». Salomón le pidió un corazón prudente para poder juzgar y distinguir lo bueno de lo malo. El Señor le concedió un corazón sabio e inteligente como no lo hubo hasta entonces ni lo habría en adelante.

Al poco tiempo se presentaron dos mujeres y le plantearon un problema: las dos habían tenido un hijo; uno de ellosmurió y su madre dio el cambiazo con el que había tenido la otra madre. Ante el rey, las dos afirmaban que el vivo era hijo suyo y el muerto, de la otra. Entonces el rey dio una orden disparatada: «Traedme una espada, lo partiré y que cada una se lleve la mitad».

La verdadera madre prefirió renunciar a su derecho antes de que matasen a su hijo; rápidamente suplicó: «Oh, señor rey, dale a esa el niño, pero vivo; que no lo maten». Entonces el rey supo quién era la verdadera madre y ordenó: «Dadle a esta el niño vivo, sin duda es su madre».

✓ No echaré las culpas a los inocentes.

✓ Jugaré sin hacer trampas.

✓ Haré las tareas y los exámenes sincopiar.

✓ Defenderé a quienes sufren alguna injusticia, o lo diré a quienes pueden poner remedio; esto no es chivarse.

✓ La religión es la justicia para con Dios. Nunca le podré pagar todo lo que me ha dado, pero voy a hacerle más caso.

✓ Pondré mucha atención en las homilías, clases de religión y catequesis.

✓ Procuraré cuidar cada día mis oraciones.

Laboriosidad

La gran noticia de aquel día fue la puesta en libertad del mejor gánster canadiense. Su captura, después de muchos años de atracos multimillonarios, fue realmente laboriosa, pero un fallo minúsculo de un ayudante dio con sus huesos en la cárcel: el cómplice se había presentado con poco combustible y, en la persecución que le hicieron después del atraco, se paró el coche y los apresó la policía.

El día de su puesta en libertad se preparó una entrevista en un canal de televisión a una hora de gran audiencia. Una de las preguntas fue particularmente interesante.

—Su fama como gánster se debe a la cantidad de éxitos que alcanzó, pero seguramente también cometió fallos... ¿Cuál es el error del que se arrepiente más?

—El de haber trabajado con aficionados; a veces llegaban unos segundos tarde, otros querían fumar, alguno se presentaba con zapatos chirriantes o, como ocurrió el día de mi detención, no llenaban el depósito de gasolina... Son pequeños detalles que, tarde o temprano, conducen al fracaso.

✓ Estudiaré con profesionalidad haciendo bien las cosas: en cantidad y con calidad.

✓ Las tareas y los encargos están por encima de la diversión.

✓ Cuidaré siempre, no solo en Lengua, la caligrafía y la ortografía.

✓ Con el tiempo muy ocupado, me ahorraré muchas tentaciones.

✓ Colaboraré en los trabajos de mi casa: limpieza, orden, cumplimiento de mi encargo, atención a mis hermanos...

Largueza

Publio Siro fue un esclavo que consiguió ganarse la confianza y el aprecio de su señor. Este le educó con esmero y le dejó en libertad. Publio llegó a ser un magnífico escritor y actor. Es famoso por sus frases ingeniosas, sentencias y proverbios.

Algunas de ellas se refieren a la avaricia, el vicio contrario a la virtud de la largueza.

- El que persigue dos liebres no alcanza ninguna.

- ¿Quieres tener un gran imperio? Impera sobre ti mismo.

- Al pobre le faltan muchas cosas; al avaro, todas.

- El dinero es tu esclavo si sabes emplearlo; tu amo, si no sabes.

✓ Me alegraré de que otros tengan más que yo.

✓ Prestaré material escolar a no ser que anime a la pereza, al desorden o al egoísmo de mis compañeros.

✓ Dejaré mis juguetes a los demás; no los dejaré cuando haya peligro de un mal uso, sería una imprudencia.

✓ Mis padres tienen más detalles de cariño con mis hermanos cuando se ponen enfermos. Yo haré lo mismo.

Lealtad

Alejandro Magno, rey de Macedonia, es admirado por ser el más heroico de los grandes conquistadores. También por la capacidad que tenía de hacer amigos y por su lealtad hacia ellos. En cierta ocasión un adivino le preguntó que dónde guardaba sus tesoros.

—Me extraña que no lo adivines —le respondió el rey—. ¿Para qué quieres saberlo?

—Es que de tus tesoros depende mi oráculo.

Entonces Alejandro llamó a los generales que eran sus mejores amigos y manifestó al adivino: «Estos son mis tesoros».

Poco antes de morir sus herederos le hicieron una pregunta parecida: «¿Dónde están tus tesoros?». El rey les respondió: «En los bolsillos de mis amigos».

✓ Un amigo es un tesoro. Seré leal y procuraré conservarlo con todo su brillo.

✓ No hablaré mal de nadie a sus espaldas; le corregiré a la cara y con mucho cariño.

✓ Cuando mis amistades me confíen un secreto no lo diré a nadie. No quiero tirar ese tesoro de amistad y confianza por la borda. Cumpliré la palabra dada y mis compromisos.

✓ Confiaré mis alegrías y mis penas a mis amigos y escucharé con gran atención las suyas.

✓ Perjudicar voluntariamente a mi equipo es una traición.

Longanimidad

Es la virtud propia de los héroes y heroínas; los longánimos tienen el alma dispuesta a realizar grandes hazañas, aventuras divinas y humanas. No se conforman con ir tirando, son enemigos de la mediocridad y del yavalismo (no dicen nunca: «¡Ya vale!»). Aspiran a metas laboriosas o lejanas. Un claro ejemplo de esta virtud fue el jesuita misionero san Francisco Javier, conocido por los sobrenombres de Apóstol de las Indias y Gigante de la Historia de las Misiones. Evangelizó la India y el Japón y murió cuando pretendía llevar el Evangelio a China.

En su corazón ardía el deseo de salvar al mundo entero y superaba con buen ánimo las dificultades que se le presentaban: idioma, enfermedad, cultura, otras creencias religiosas... Con infinita paciencia atendía a todos, ya fuesen niños, jóvenes o ancianos; enfermos, presos o esclavos. Su afán de salvar almas era incontenible; si se veía urgido a viajar a otras islas del océano insistía: «Si no encuentro una barca, iré nadando». Así se comprende que en una de sus cartas afirmara:

«Muchas veces me parece tener cansados los brazos de bautizar».

✓ Aspiraré siempre a lo mejor en estudios, deportes y aficiones.

✓ Con mis estudios del presente podré hacer un gran bien en el futuro.

✓ Es algo estupendo soñar con grandes empresas que favorezcan a la humanidad.

Nunca realizará grandes proezas quien no cuida las cosas pequeñas; es la actitud ordinaria de los que acometerán grandes empresas. Las cosas pequeñas se refieren a todas las virtudes: orden, pobreza, educación, ciudadanía, fortaleza...

El desprecio de las cosas pequeñas conduce a grandes desastres.

Por un clavo se perdió una herradura,
por una herradura se perdió un caballo,
por un caballo se perdió un general,
por un general se perdió una batalla,
por una batalla se perdió la guerra.

Aquí leerás algunos ejemplos de cosas pequeñas:

NO SOLO...	SINO QUE...
no salto sobre camas y sofás	ahueco los cojines cuando me levanto.
no hago deporte con zapatos de vestir	los limpio con frecuencia.
me siento sobre las cuatro patas	no rozo las paredes con la silla.
no me limpio la nariz con la cortina	evito que el sol dañe a los muebles.
no mordisqueo los lapiceros y pinturas	les saco punta.
uso correctamente el agua y la luz	además enseño a mis hermanos.
hago todos los deberes	los hago a su hora.

Magnanimidad

San Josemaría Escrivá fue un enamorado de esta virtud y la describía así: «Magnanimidad: ánimo grande, alma amplia en la que caben muchos. Es la fuerza que nos dispone a salir de nosotros mismos, para prepararnos a emprender obras valiosas, en beneficio de todos...

El magnánimo dedica sin reservas sus fuerzas a lo que vale la pena; por eso es capaz de entregarse él mismo. No se conforma con dar: se da» (San Josemaría Escrivá, *Amigos de Dios,* 80).

En otro texto recuerda una anécdota del rey de Macedonia Alejandro III: «Cuentan que un día salió al encuentro de Alejandro Magno un pordiosero, pidiendo una limosna. Alejandro se detuvo y mandó que le hicieran señor de cinco ciudades. El pobre, confuso y aturdido, exclamó: "¡Yo no pedía tanto!". Y Alejandro repuso: "Tú has pedido como quien eres; yo te doy como quien soy"» (San Josemaría Escrivá, *Es Cristo que pasa,* 160).

San Josemaría colaboró con Dios en hacer una obra divina: difundir por el mundo entero que todos podemos alcanzar la santidad en nuestra vida corriente y con nuestro trabajo ordinario.

✓ Aspiraré a lo mejor: metas altas. No me conformaré con metas raquíticas: aprobar un examen por los pelos o empatar un partido.

✓ Me plantearé metas elevadas en mi intimidad con Dios, en el servicio a los demás y en la perfección de mis actividades.

✓ Aprovecharé todas las oportunidades de servir a personas especialmente necesitadas: pobres, enfermos, minusválidos, ancianos...

✓ Fomentaré buenos deseos para todo el mundo: alegría, paz, justicia y conocimiento de la verdad.

Magnificencia

Solimán II fue un sultán que llevó al Imperio otomano a su máximo esplendor. Es conocido como Solimán el Magnífico porque realizó con mucho gusto y sabiduría grandes empresas en favor de los demás. Favorecía a todos: musulmanes y cristianos, ancianos y niños, ciudadanos libres y esclavos.... Cuando era joven, hizo gran amistad con un esclavo; más tarde le nombraría su consejero de mayor confianza. Protegió el desarrollo de la ciencia, del arte y de la educación construyendo muchas escuelas y bibliotecas. Y, sobre todo, mejoró mucho las leyes; muchos cristianos emigraban a territorios turcos para beneficiarse de las reformas del magnífico sultán.

✓ Ahorraré para ayudar a los misioneros a extender la fe.

✓ Colaboraré con organismos y asociaciones que luchen contra la pobreza, la enfermedad y el hambre.

✓ Me apuntaré como voluntario en campañas diversas: de Cáritas, Domund, Manos Unidas, Cruz Roja, lucha contra el cáncer o el sida...

✓ Haré, antes de que me lo pidan, trabajos extraordinarios en mi casa: vaciar el lavavajillas, quitar el polvo, ordenar libros y juguetes de todos, regar las plantas...

✓ Atenderé las iniciativas del Ayuntamiento y la Comunidad en diversas actividades: plantación de árboles, reciclado, limpieza de un área de recreo...

Mansedumbre

Dios comunicó a Moisés la misión de liberar a su pueblo de la esclavitud de Egipto. El faraón no los dejaba salir y su país tuvo que sufrir como castigo diez plagas horrorosas. Por fin, el faraón cedió y dejó salir a los israelitas de Egipto. Sin embargo, enseguida se arrepintió y organizó una persecución para volver a capturarlos. Los israelitas al verlos venir se quejaron a Moisés: «Es preferible servir a los egipcios que morir en el desierto». Moisés suplicó al Señor y pudo pasar con su pueblo el Mar Rojo. Después se adentraron en el desierto y volvieron a surgir

otras quejas por aguas amargas, falta de alimentos, serpientes venenosas...

Desesperados, dieron la espalda a Dios e incluso llegaron a ofrecer sacrificios a un ídolo de oro fabricado por ellos mismos. Moisés tuvo que rogar a Dios para que no los aniquilara como merecían.

Se puede decir que Moisés fue un ejemplo de mansedumbre durante 40 años: soportó, a pesar de los pesares, las sucesivas quejas y rebeldías del pueblo, y seguía guiando a los israelitas hacia la tierra que el Señor les había prometido.

Los cristianos conocemos a un maestro de mansedumbre superior a Moisés. Jesús nos dejó dicho: «Aprended de Mí que soy manso y humilde de corazón».

✓ El dominio de mi carácter me llevará a cuidar las formas y a controlarme ante las malas actuaciones de los demás: burlas, bromas pesadas, trampas, molestias...

✓ Perdonaré enseguida las ofensas que me ocasionen.

✓ Corregiré con serenidad y escucharé con humildad las correcciones que me hagan.

✓ Los enfados pueden llevarme a comportamientos irracionales: pegar a un niño, insultos a un perro, puñetazos al ordenador...

Misericordia

Maximiliano María Kolbe fue un sacerdote franciscano que murió a los 47 años en el campo de exterminio de Auschwitz, en Polonia.

Los nazis le habían llevado prisionero y en Auschwitz, como hacían con todos los presos, le cambiaron su nombre por el número 16.670 tatuado en su brazo. Era una demostración del trato impersonal y cruel que recibiría.

Un preso se fugó del campo de concentración y el comandante decidió como escarmiento ajusticiar a diez de los internados. Uno de los seleccionados fue Franciszek, el número 5.659. Cuando el desdichado preso salió de la

formación, exclamó con enorme pena: «Pobre esposa mía; pobres hijos míos».

El padre Maximiliano lo oyó y, lleno de misericordia, se dirigió al comandante y le dijo: «Soy un sacerdote católico, estoy ya viejo; querría ocupar el puesto de ese hombre, que tiene esposa e hijos».

El comandante lo aceptó y mandó encerrarlo con los otros nueve en una celda subterránea para que murieran de hambre. Al cabo de tres semanas, como necesitaban desocupar la celda, les administraron una inyección letal y quemaron sus cuerpos en un horno.

- ✓ Misericordia significa corazón sensible la miseria. Meteré las miserias ajenas en mi corazón y pondré los medios para solucionarlas: hambre, pobreza, soledad...

- ✓ Seré más sensible ante situaciones de injusticia: abusos, acoso escolar, maltrato,robos... Si no puedo solucionarlas yo, las pondré en conocimiento de quienes puedan hacerlo.

- ✓ Consolaré con mi compañía, mi conversación o mis bienes a quienes padecen alguna desgracia.

- ✓ Una buena receta para actuar misericordiosamente: ponerme en el lugar de quienes sufren y preguntarme: ¿Qué me gustaría que hiciesen conmigo en esta situación?

Modestia

Gema Galgani es una santa italiana, reluciente joya de la virtud de la modestia. A los dieciséis años le regalaron un crucifijo con su cadenita de oro. Gema esperaba impaciente el momento de poder lucirlo. Por fin llegó el día y salió contentísima a la calle. Al regresar a casa, se le apareció por primera vez su Ángel Custodio que le echó una pequeña regañina por presumida: «Los preciosos adornos que han de hermosear a una esposa del Rey crucificado no pueden ser más que las espinas y la cruz». Ella le hizo caso y se quitó hasta el anillo.

Gema gozó de muchos favores extraordinarios, pero reaccionaba con humildad y sencillez; en ningún momento permitió que el orgullo se apoderase de ella.

La modestia es enemiga de la vanidad: la persona modesta quita importancia a los éxitos conseguidos y reconoce los fracasos.

✓ Me comportaré con modestia en el vestir: ni ropa provocativa ni innecesaria.

✓ Hablaré con sencillez y me callaré cuando advierta que me pueden alabar por lo que digo.

✓ No presumiré de mis éxitos en estudios o deportes. Tampoco provocaré la envidia al hablar de planes de vacaciones o viajes extraordinarios.

Obediencia

El joven Tobías recibió de su padre unos mandatos estupendos: «Escucha mis palabras, grábalas en el fondo de tu corazón; honra a tu madre mientras viva, teniendo presente lo mucho que ha sufrido por ti y, cuando termine su carrera, dale sepultura a mi lado; compadécete del pobre; no hagas a otro lo que no quieres que te hagan a ti; toma siempre consejo de un hombre sabio y prudente, evita la compañía de los malos. Tobías cumplió todas estas indicaciones paternas».

Su padre, que estaba ciego, le mandó hacer un viaje con un guía fiel para cobrar una deuda de diez talentos de plata. Un Ángel con apariencia de joven se ofreció para acompañarle. Al final del primer día hicieron un alto a la orilla de un río y Tobías se bañó; al ver que un enorme pez se dirigía hacia él para tragárselo, gritó y el Ángel le ordenó: «Agárrale por las agallas y sácalo a la orilla». Y Tobías lo hizo.

Cuando el pez murió, el Ángel añadió: «Ábrelo y sácale el corazón, la hiel y el hígado; son útiles para hacer medicinas». Y Tobías le obedeció.

Cumplido el encargo, el joven Tobías volvió a casa. Su compañero le dijo: «unta los ojos de tu padre con la hiel del pez». Tobías obedeció una vez más y tuvo la inmensa alegría de comprobar que su padre recuperaba la vista.

✓ Obedeceré a Dios antes que a los hombres.

✓ Gran parte de mi eficacia estriba en obedecer a muchas personas: padres, profesores, entrenadores, guardias de circulación... Ellos también deben obedecer a otros.

✓ La obediencia empieza por escuchar atentamente las indicaciones de quienes tienen autoridad para mandarme algo.

✓ Los héroes de la obediencia consiguen adelantarse a los deseos de los padres y con frecuencia ocurre que los atienden sin que lleguen a concretarse como orden: «Ponte a estudiar, lávate los dientes, recoge los juguetes, acuéstate...».

Optimismo

Es una virtud alegre, luminosa, útil, atractiva y generadora de esperanza. Por eso cuenta con tantos héroes y heroínas.

Helen Adams Keller era una niña de Estados Unidos, no había cumplido dos años cuando se quedó ciega y sorda. Gracias a una amiga y profesora particular aprendió a hablar y a escribir, y consiguió graduarse en la universidad. Durante toda su vida escribió y habló mucho y muy bien. Sobre la virtud del optimismo manifestó: «Mantén tu rostro hacia la luz del sol y no verás la sombra».

Poco antes de su muerte, a la edad de 87 años, Helen dijo a un amigo: «En estos oscuros y silenciosos años, Dios ha estado utilizando mi vida para un propósito que no conozco, pero un día lo entenderé y entonces estaré satisfecha».

Gilbert Keith Chesterton fue un fecundo escritor británico. Con cierta gracia diferenció dos tipos de personas: «Optimista es el que os mira a los ojos, pesimista, el que os mira a los pies».

✓ Buscaré lo positivo de todo lo que me ocurre.

✓ Ante los fracasos no me entristeceré. Diré: «A empezar de nuevo».

✓ Buscaré soluciones a los problemas y dificultades.

✓ Cambiaré la expresión «es difícil» por esta otra: «puedo hacerlo».

✓ Me fijaré más en las virtudes de mis amigos que en susdefectos, me alegraré de sus éxitos y les animaré en sus fracasos.

Orden

A Séneca se le conoce por ser un brillante moralista, un sabio consejero y un distinguido escritor. Sufrió mucho: físicamente, porque tenía asma, y espiritualmente, porque tuvo que sufrir la envidia y los celos de muchos poderosos.

Séneca advirtió en una breve frase un síntoma contrario a la virtud del orden: «No puede haber orden cuando hay mucha prisa».

La persona ordenada domina los dos aspectos externos de esta virtud: orden en el espacio y orden en el tiempo. Siendo ordenados se consigue un ambiente muy agradable y se aprovecha mejor el tiempo; la convivencia se hace encantadora.

- ✓ Las personas son más importantes que los animales y las cosas.

- ✓ Las obligaciones son más importantes que los caprichos.

- ✓ Limpieza y orden en mi habitación; cómo la ordenaría si esperara la visita de una persona importante.

- ✓ Viviré los siguientes objetivos: Un sitio para cada cosa y cada cosa en su sitio. Las cosas, cuanto antes a su sitio.

- ✓ Principales lugares de orden: mesa de trabajo, armario de la ropa y depósito de juguetes.

Para ser héroes o heroínas de la virtud del orden, debemos cuidar también el orden en el tiempo.

La virtud de la **puntualidad** es una hermana pequeña del orden que nos facilita comenzar y terminar nuestras actividades a la hora prevista; unas veces fijaremos nosotros la hora; otras veces nos viene dada.

- ✓ Un tiempo para cada cosa y cada cosa a su tiempo: haré mi horario y lucharé por cumplirlo. Incluiré tareas, juegos, descanso y mi plan de oraciones.

- ✓ Cuando termine el recreo me iré a clase (¡ya!) y sin perder tiempo por el camino.

- ✓ Acudiré a la hora en punto a Misa, catequesis, clases, celebraciones, partidos, etc. Se aprovecha mejor el tiempo y evitamos poner nerviosa a la gente.

- ✓ Por caridad y por justicia facilitaré que los demás puedan cumplir su horario.

Paciencia

El demonio pidió permiso a Dios para tentar a un hombre que era muy dichoso porque tenía un gran amor a Dios, una familia estupenda y numerosos bienes materiales. Dios se lo concedió y Satán le incordió como solo él sabe hacerlo. Job aguantó con mucha paciencia los sufrimientos originados por el Maligno: unos ladrones le robaron bueyes y burras después de pasar a cuchillo a los criados; un rayo abrasó a otros criados y a los rebaños que cuidaban; además, un huracán derribó la casa del hijo mayor donde se encontraban sus siete hijos y tres hijas y todos murieron aplastados.

Job no perdió la paciencia y manifestó: «El Señor me lo dio, el Señor me lo quitó. Bendito sea el nombre del Señor».

Entonces Satán hirió a Job con una úlcera maligna que le cubría todo su cuerpo.

Su mujer le animaba a maldecir: «¡Maldice a Dios!». Job le respondió: «Si aceptamos del Señor los bienes, ¿cómo no vamos a aceptar los males que permite?» Por último, también tuvo que sufrir las humillaciones de sus amigos. Pero Job confió en Dios por encima de todo y el Señor, acabadas las pruebas diabólicas, le premió con otros siete hijos, tres hijas y el doble de ganados y siervos.

- ✓ Prestaré atención a las personas que me resultan pesadas.

- ✓ Algunos viajes se me hacen largos e incómodos. No preguntaré a cada momento: «¿Cuánto falta?».

- ✓ Hay problemas matemáticos que no salen a la primera. No me impacientaré.

- ✓ Ejercitaré mi paciencia cuando me lesione y no pueda jugar. Hasta que me cure me mostraré alegre, de buen humor y daré muchos ánimos a mi equipo.

Santa Teresa de Jesús escribió una poesía preciosa que nos anima a estar serenos en las circunstancias más adversas; podemos repetirla en esos días en que solemos pensar: «Hoy me he levantado con el pie izquierdo».

Nada te turbe,
nada te espante,
todo se pasa,
Dios no se muda;
la paciencia
todo lo alcanza;
quien a Dios tiene
nada le falta:
solo Dios basta.

- ✓ Contaré a mis padres los agobios y temores que me preocupen.

- ✓ Me moveré por mi casa con calma y sin gritos.

- ✓ Cerraré las puertas y las ventanas con cuidado.

- ✓ No «tiraré la toalla» cuando me retrase en la adquisición de alguna virtud.

Perseverancia

Josemaría Escrivá veía en el borrico de noria una magnífica imagen de la perseverancia.

«Me atrae ese animal paciente y laborioso, porque el borrico es recio y austero, porque es humilde. Pero sobre

todo porque trabaja: porque sabe perseverar día tras día dando vueltas a la noria, sacando el agua que hace florecer el huerto...

¡Bendita perseverancia la del borrico de noria! Siempre al mismo paso. Siempre las mismas vueltas. Un día y otro: todos iguales. Sin eso, no habría madurez en los frutos, ni lozanía en el huerto, ni tendría aromas el jardín.

Lleva este pensamiento a tu vida interior» (San Josemaría Escrivá, *Camino*, 998).

✓ Alguien puede ser constante durante cierto tiempo, pero, si no llega al final, no ha perseverado. Las metas siempre están al final.

✓ A no ser que me esté haciendo daño, leeré hasta el final cualquier libro que comience.

✓ Terminaré mis redacciones, tareas y encargos.

✓ Pondré todos los medios para llegar al Cielo; el camino puede ser, en algunas ocasiones, empinado e incómodo y, a veces, caigo de bruces. Pues... me levanto y continúo.

Piedad

El escritor francés Aimé Duval nos habla de la piedad que respiró en su familia: «Yo era el quinto de una familia de nueve hermanos... Fue en esta familia donde aprendí la piedad.

Diariamente, no teníamos más que la plegaria de la noche recitada en común, pero de eso me acuerdo y me acordaré incluso con los ojos cerrados...

Entonces aprendí que debía hablar al buen Dios poco a poco, seriamente y con una paciente amabilidad.

Lo que me emociona hoy es recordar la actitud de mi padre. Él, que estaba siempre cansado a causa de sus trabajos en el campo o en el transporte de la madera; él, que mostraba sin sonrojo estar fatigado al volver del trabajo, se ponía de rodillas, después de cenar, con los codos en el respaldo de una silla y la frente entre las manos, sin dirigir

una mirada a sus hijos situados a su alrededor, sin un movimiento, sin toser, sin impacientarse.

Y yo pensaba: "Mi padre, que es tan fuerte, que manda en casa, que hace lo mismo con sus dos gordos bueyes, que se muestra orgulloso delante de los reveses de la suerte y que es tan poco tímido delante del alcalde, de los ricos y de los inteligentes, mi padre se vuelve muy pequeño delante del buen Dios"».

La piedad es la virtud de los buenos hijos y nos lleva, en primer lugar, a querer mucho a nuestro Padre Dios, a los padres de la tierra y a la Patria.

En segundo lugar, nos mueve a ofrecer amor y compasión a cualquier criatura humana, porque todos somos hijos de Dios.

✓ Demostraré con hechos y con palabras mi devoción a mi Padre Dios, a la Virgen María, a san José, a mi Ángel de la Guarda y a otras personas santas.

✓ Cuidaré mi vida de piedad: señal de la Cruz, oraciones, genuflexión, inclinación de cabeza. Haré un plan de oraciones y procuraré cumplirlo todos los días.

✓ Tendré gran respeto por las cosas santas: crucifijo, templo, objetos litúrgicos, rosario, agua bendita...

✓ Me compadeceré ante el sufrimiento de otras personas.

✓ Guardaré el debido respeto, obediencia y gratitud hacia las personas que tienen alguna autoridad: rey, presidente, alcalde, autoridades, educadores... Y rezaré por ellos.

Pobreza

Hay una acepción de la palabra pobreza que significa algo malo: no tener algo necesario para vivir con dignidad (alimento, cultura, información, un techo donde cobijarse...). También existe otro significado que quiere decir desprendimiento; es algo muy bueno y debemos vivirlo todos: pobres y ricos, sabios e ignorantes, padres, hijos y abuelos.

Algunos santos han llevado su desprendimiento al extremo para darnos ejemplo a los demás. San Antonio Abad pertenecía a una familia rica. Sin embargo, a los veinte años vendió todas sus posesiones y se retiró al desierto. Durante el día rezaba mucho. Según una tradición, un cuervo le proveía diariamente de una hogaza de pan para alimentarse y con eso se sentía satisfecho.

- ✓ Usaré la ropa y el calzado necesarios y los mantendré hasta que estén gastados. Procuraré cuidarlos para que duren mucho.

- ✓ No me quejaré cuando me falte algo que considero necesario.

- ✓ Revisaré de vez en cuando la ropa, el calzado y los juguetes. Si no los utilizo desde hace tiempo, y están en buen uso, los entrego a personas que lo necesiten.

- ✓ Viviré la sobriedad —moderación— en el uso de televisión, consola, ordenador, móvil, etc.

- ✓ Cuidaré el material escolar para que siempre esté en buen uso.

- ✓ Los bienes de la creación son de todos; cuidaré el medio ambiente.

La **pulcritud** es una cualidad estupenda que se relaciona con otras virtudes: ciudadanía, educación, elegancia, orden y, sobre todo, con la virtud que estamos tratando. La pobreza no significa suciedad ni dejadez en el aspecto personal.

- ✓ Cuidaré los detalles de aseo personal: aseo de mi cuerpo, cabello peinado y limpio.

- ✓ La higiene bucal protege la dentadura.

- ✓ Los demás perciben mejor que el interesado el olor que desprende; por si acaso, me informaré con gente de confianza de si me conviene usar algunos productos de perfumería: desodorante, colonia, etc.

- ✓ Llevaré mis manos con las uñas recortadas y limpias.

- ✓ Cubriré mis pies con el calzado adecuado: zapatillas limpias o zapatos lustrados.

Prudencia

San José, carpintero de Nazaret, huyó de Belén, donde vivía ocasionalmente, porque Herodes el Grande quería matar a Jesús. Estuvo en Egipto hasta que supo que ya habían muerto los que atentaban contra la vida del Niño.

Cuando volvió a Israel se enteró de que en Judea reinaba

Arquelao, que todavía era más cruel que su padre Herodes; entonces, decidió no ir a Belén y se fue a vivir a la ciudad de Nazaret en Galilea.

En su fiesta, el día 19 de marzo, la Iglesia le recuerda en la Misa como un varón fiel y prudente.

✓ Evitaré la precipitación: primero, pensar; después, decidir; por último, actuar. Así debo comportarme en todo lo que haga: trabajo, descanso, deporte, diversión...

✓ Si dudo, o me falta información, pediré consejo a personas con experiencia.

✓ Por el camino del capricho, de lo fácil o de lo cómodo se llega, tarde o temprano, al fracaso.

La **discreción** es una virtud relacionada con la prudencia; consiste sobre todo en expresarse con acierto y oportunidad.

✓ Me ejercitaré en la dificilísima ciencia de la comunicación: escuchar, hablar o escribir y callar con oportunidad.

Pudor

Adán y Eva comieron el fruto del árbol prohibido. Entonces se les abrieron los ojos y conocieron que estaban desnudos.

Entrelazaron unas hojas de higuera y se las ciñeron a la cintura...

Desde entonces los seres racionales procuramos ser honestos, pudorosos, decentes y decorosos.

El pudor es una parte de la virtud de la templanza por la que cuidamos nuestra intimidad: alma, partes del cuerpo, sentimientos y pensamientos. Nos lleva a guardar lo que debe permanecer oculto a los sentidos ajenos y a defendernos de todo lo que pueda dañar nuestra intimidad.

- ✓ Los trapos sucios se lavan en casa; no «pregonaré» los problemas de mi familia.

- ✓ Cuidaré las posturas para no enseñar lo que no debo.

- ✓ «No pondré en escaparate» la intimidad de mi cuerpo. Soy una persona, no un animal o una cosa.

- ✓ Aprenderé a usar la toalla para cambiarme en el vestuario, en la piscina o en la playa. Vestiré con decencia.

- ✓ Las tentaciones las pone el diablo; evitaré las conversaciones o los chistes que puedan escandalizar.

- ✓ La ropa interior, siempre interior, incluso en el perchero del vestuario.

- ✓ Cuidaré la vista, la revista, la entrevista y la televista. La curiosidad es un vicio que puede traer grandes tentaciones.

Pureza

María Goretti era una niña italiana que había prometido en su Primera Comunión antes morir que pecar. Al año siguiente un campesino vecino suyo, maleado por lecturas impuras, intentó forzarla; ella se resistió y el criminal la acuchilló.

La trasladaron rápidamente al hospital y la operaron estando consciente porque no había anestesia. Al día siguiente, María recibió la Comunión y la Unción de los enfermos. Antes de morir, entonces tenía doce años, hizo público su perdón al asesino.

El campesino, llamado Alejandro, fue condenado a treinta años de cárcel. Según una tradición, una noche María se le apareció en sueños y le dijo que él también podía ir al Cielo. Alejandro se arrepintió y cambió su vida.

Más tarde, ya fuera de la cárcel, asistió a la ceremonia de canonización de santa María Goretti, virgen y mártir.

✓ Pasaré rápidamente las hojas en las que aparezca alguna imagen impura.

✓ Antes de empezar a ver una película, me enteraré de si es conveniente para mí.

✓ Cambiaré de canal o apartaré la vista cuando aparezcan en la televisión escenas inconvenientes.

✓ Procuraré que las conversaciones y los chistes que cuento sean limpios.

✓ Rechazaré con rapidez los pensamientos y deseos impuros.

✓ Resolveré mis dudas en materia de pureza con mis padres y mi confesor.

Reciedumbre

San Pablo fue un apóstol que llevó la fe de Jesucristo a los pueblos gentiles; fue un hombre especialmente recio. Él mismonos cuenta sus padecimientos: «Trabajos, prisiones, azotes, peligros de muerte. Cinco veces recibí de los judíos cuarenta azotes menos uno. Tres veces fui azotado con varas, una vez fui apedreado; tres veces padecí naufragio; una noche y un día pasé en los abismos; muchas veces en viajes me vi en peligros de ríos, peligros de ladrones...» (*Carta de san Pablo a los Corintios* 11, 23-27).

San Pablo recorrió, muchas veces a pie, más de 5.000 kilómetros, incluso en una ocasión se puso en camino después de haber sido echado a pedradas de Listra.

Un niño motivado vale por tres; si le llaman «pringao» y continúa firme en hacer el bien, vale por cuatro.

✓ Procuraré llevar con buen ánimo las contrariedades, inconvenientes y obstáculos.

✓ Me levantaré a la primera.

✓ Llevaré con paciencia las incomodidades y desgracias, por ejemplo, cuando se estropee el ascensor, la calefacción o el aire acondicionado, y cuando se produzcan cortes de agua o de luz.

✓ Nada de nerviosismos ante una cura o una intervención quirúrgica.

✓ Dejaré los juegos a la hora prevista sin refunfuñar.

Responsabilidad

Era de noche cuando el Vesubio entró en erupción.

Las ciudades de Pompeya y Herculano quedaron enterradas bajo cientos de toneladas de ceniza. Muchos siglos más tarde, durante las excavaciones hallaron unos huecos dejados por la descomposición de cuerpos de humanos y animales. Rellenando esos huecos con yeso se consiguieron más de mil moldes: hombres y mujeres con expresiones de terror, otros que tapaban con pañuelos la boca de sus seres queridos para que no aspirasen los gases tóxicos, alguno se aferraba con fuerza a sus joyas y ahorros, hasta hubo perros encadenados a las paredes de las casas de sus amos.

Estas figuras están expuestas en el Museo Borbónico de Nápoles. Entre ellas destaca la figura de un soldado romano que no huyó ante la catástrofe; permaneció firme y murió heroicamente cumpliendo con su deber de custodiar la ciudad.

✓ Sé lo que debo hacer en cada momento y actúo en consecuencia. Es un rollo que mis padres todos los días tengan que repetirme lo mismo: ponte a estudiar, recoge los juguetes, vete a la ducha, acuéstate...

✓ Respondo de mis actos ante Dios y ante los demás: encargos, tareas, compromisos, tratos, pactos y promesas.

✓ Un horario de actividades me ayuda a saber qué debo hacer en cada momento: levantarme, acostarme, estudiar, jugar, leer, rezar...

Sencillez

La Madre Teresa de Calcuta fue una monja que se dedicó a la atención de los más pobres, los enfermos, los huérfanos y los moribundos. Muchas personalidades reconocieron su labor y le concedieron abundantes premios. Estuvo entre las diez mujeres más admiradas del mundo en el siglo xx. Pues bien, resulta que esta mujer tan importante era una formidable heroína de la sencillez. Al recibir el Premio Nobel de la Paz le hicieron la consabida pregunta: «¿Qué podemos hacer para promover la paz mundial?». Ella no pronunció un discurso rimbombante, respondió simplemente:

—Vete a tu casa y ama a tu familia.

En otra ocasión, unos profesores americanos le suplicaron: «Por favor, díganos algo que pueda ayudarnos en nuestra vida». Ella les recomendó:

—Sonrían. Lo digo completamente en serio.

En la última entrevista que concedería antes de morir, asombrada por los abundantes destellos de los flashes, comentó:

—Dios y yo hemos hecho un pacto.

Le supliqué: «Por cada foto que me hacen, Tú encárgate de liberar a un alma del Purgatorio. Creo que, a este ritmo, dentro de poco quedará vacío».

Una buena compañera de esta virtud es la **naturalidad;** soy natural si me muestro tal y como soy, sin disimulos ni artificios.

✓ No soy Gollum: pura bondad en un ambiente y espantosa maldad en otro. Solo tengo una personalidad y con ella actúo en casa, en clase, en la calle...

✓ Hablaré siempre con claridad, sin palabras rebuscadas.

✓ Si huyo de la chulería y la vanagloria, seré más agradable.

✓ No presumiré de inteligencia, habilidades, viajes, posesiones...

✓ No soy un mono de imitación; evitaré reproducir formas ajenas de ser o de comportarse.

Sinceridad

La heroína de esta virtud es una señora mayor que prefiere pasar oculta; así que no diré su nombre ni su lugar de trabajo.

Un día llegué al despacho y encontré encima de la mesa unos trozos de cerámica colocados sobre un paño; eran los restos de una jarra donde colocaba el material de escritorio. Al lado había una nota escrita con letras muy grandes, decía: «Estaba limpiando y se me cayó, la rompí, perdone, fui yo». Y después firmaba.

Me emocionó aquel rasgo de sinceridad e hice dos cosas: pegar los trozos con mucho cuidado para recomponer la jarra y comprar una caja de bombones para la limpiadora. Ambas cosas las dejé sobre la mesa con la siguiente nota: «No se preocupe; muchas gracias por recoger los trozos. La jarra sigue sirviendo».

> ✓ Diré las cosas, buenas o malas que he hecho, a las personas que deben saberlas; no es necesario esperar a que me pregunten.
>
> ✓ Cuando me encuentre algo, pondré los medios para devolvérselo a su dueño.
>
> ✓ Diré siempre la verdad con las personas que necesiten conocerme muy bien; cuanto más me conozcan, mejor me ayudarán a conseguir virtudes y superar defectos.

Sobriedad

San Juan Bautista, el precursor del Mesías, usaba un vestido de pelo de camello atado con una correa de cuero en torno a su cintura; su comida eran saltamontes y miel silvestre.

Juan se conformó con lo imprescindible para vivir: cubrir su cuerpo con unas vestiduras muy corrientes y ásperas; alimentarse con unos insectos amarillentos y con la miel depositada por otros insectos entre los huecos de los árboles o de las peñas.

Después de morir Juan el Bautista, Jesús lamentaría que ciertos fariseos dijesen que estaba poseído del demonio, mientras que a Él mismo, Jesús, lo criticaban porque comía y bebía.

La sobriedad se puede vivir de diversas maneras, pero hay que vivirla siempre.

✓ Comeré lo necesario en las comidas. Entre comidas, ¡nada de nada!

✓ Me enteraré bien de la dieta alimentaria que me conviene y de la pirámide de la salud para estar en forma, evitarempachos, indigestiones, obesidad y otras complicaciones.

✓ El agua es la mejor bebida para quitar la sed. ¡Fuera caprichos!

Templanza

Félix María Samaniego fue un escritor alavés famoso por sus fábulas: ciento cincuenta y siete relatos breves, graciosos, sencillos y muy ingeniosos. Muchas fábulas tratan precisamente de las virtudes humanas.

Para vivir la templanza resulta muy animante leer las consecuencias que puede acarrear en la siguiente fábula:

Las moscas

A un panal de rica miel
dos mil moscas acudieron,
que por golosas murieron
presas de patas en él.

Otra dentro de un pastel
enterró su golosina.
Así, si bien se examina,
los humanos corazones
perecen en las prisiones
del vicio que los domina.

Las moscas murieron víctimas de la atracción de la miel y del pastel. El hombre que no vive la templanza puede ser víctima de la glotonería, del alcohol, de la droga o de diversas enfermedades corporales o psíquicas.

La templanza es señorío, dominio de sí mismo. Quien no vive esta virtud sufre una esclavitud muy dañina para el alma o para el cuerpo y, en ocasiones, mortal.

✓ Disfrutaré con medida de todas las cosas buenas que Dios ha creado.

✓ Abusar de la televisión o del ordenador me perjudica.

✓ Me conformaré con los bienes que tengo y no me entristeceré por los que poseen mis amigos, compañeros o vecinos.

✓ Usaré con sensatez los bienes de que dispongo: piscina, sofá, teléfono, juegos informáticos, equipaje deportivo, luz, agua...

Tenacidad

Dos ranas en una jarra de leche. Es el título de un cuento chino que nos enseña a ser firmes en el esfuerzo para conseguir las metas que nos proponemos.

Chin Hito limpió el terrario, colocó la comida apropiada para todos los animales, bebió un vaso de leche y se fue a jugar al parque, olvidándose la jarra de leche sobre la mesa, junto al terrario.

—Esta es nuestra oportunidad —dijo contenta una de las ranas—, podemos hartarnos de leche.

Y se relamía los labios con su larga y pegajosa lengua.

—No se diga más —respondió la otra—, saltemos.

Saltaron y bebieron abundante leche, toda la que admitió su diminuto estómago. Estaban barrigonas y felices.

Entonces decidieron volver al terrario antes de que Chin Hito las sorprendiera dentro de la jarra. Pero resultó imposible dar el salto. El impulso de sus patas traseras solo conseguía sumergir en la leche sus extremidades membranosas; así que nadaron y nadaron hasta que se agotaron.

—Esto no tiene solución —dijo desanimada una rana—, tomaré un poco más de leche y después... a morir al fondo de la jarra.

La otra, en cambio, nadó, y nadó, y nadó, y tanto batió la leche que la convirtió en mantequilla. Había conseguido la consistencia necesaria para poder impulsarse y dar el salto hacia el terrario.

✓ Lucharé sin desanimarme para vencer la desgana, el cansancio o el desengaño por mis fracasos.

✓ La comodidad y el desaliento nunca proporcionan frutos valiosos.

✓ Cuando me sienta débil, pediré ayuda, pero... ¡yo no me rindo!

Tolerancia

La tolerancia consiste en aceptar ciertos males de poca importancia, si así se consiguen ciertos bienes mucho más valiosos. Las personas tolerantes permiten un mal para conseguir un bien. Varios ejemplos.

Un niño no sabe leer pero quiere aparentar que es mayor, toma un libro y mueve los ojos de un lado a otro. Su hermano Rafael, de doce años, se da cuenta de que el libro está al revés, pero no le dice nada y le echa un piropo: «¡Qué mayor, ya sabes leer!». Es un disimulo o mentirita para estimular la autoestima.

Irene, de once años, pregunta a su hermana de tres años: «¿Qué hora es?». La pequeña toma el despertador con las dos manos y afirma muy segura: «Las mil». Irene le agradece el servicio.

Un niño se hace pis en la cama y su madre le abraza con cariño y le dice: «No te preocupes. Hoy mismo tenía que cambiar las sábanas...».

Un joven va a celebrar el cumpleaños a casa de su mejor amigo. Es viernes de Cuaresma. Su amigo no se ha dado cuenta y ha preparado unas sabrosísimas hamburguesas y él no las toma con un pretexto, pero no dice nada para que la fiesta siga sin contratiempos. Al día siguiente le dirá: «Oye, me he dado cuenta de que ayer se nos olvidó la abstinencia de los viernes de Cuaresma».

Ahora, un ejemplo de intolerancia.

Gorka tiene once años. Había salido con su padre a dar un paseo en una barca de remos para pescar. Fue una excursión marítima estupenda; Gorka estaba muy contento, pues había pescado tres peces grandecitos.

Mamá había salido a recibirles al puerto. Amarraron la barca y cuando iban a saltar a tierra se cayó al fondo la arandela metálica que sujetaba uno de los remos. Papá pidió a su hijo que bucease para recuperarla. Gorka se zambulló y no lo consiguió. Papá le dijo: «Inténtalo de nuevo...». Otro fracaso. «¡Otra vez!». Otro fracaso. El niño con los ojos enrojecidos y la piel azulada expresó su

imposibilidad de sacarla: «Papá, el agua está muy sucia y la arandela puede estar a tres metros de profundidad, ni la veo ni llego a tantear el fondo». La madre no quería corregir a su marido delante del niño y sufría cada vez que Gorka aparecía con las manos vacías y su marido repetía: «¡Otra vez!».

El padre, después de siete zambullidas, se enfadó y dijo muy convencido: «Gorka, eres un auténtico desastre, ¡vámonos!».

✓ Escucharé y valoraré las ideas, los gustos y las opiniones de los demás.

✓ Veo defectos y fallos en los demás. Algunas veces los disculparé; otras, no: debo corregir cuando pueda ocurrir un daño grave.

✓ No exigiré a otras personas lo que todavía no pueden dar; esperaré.

✓ Trataré con cariño a los enfermos, los impedidos y los débiles.

Valentía

Los filisteos guerreaban contra el reino de Israel. De las filas del ejército filisteo salió el gigante Goliat y gritó a los israelitas: «Elegid a uno de vuestros guerreros para que pelee conmigo». Todo el pueblo elegido se llenó de temor. Durante cuarenta días, por la mañana y por la tarde, Goliat repetía lo mismo.

El pequeño David no había ido a la guerra y apacentaba las ovejas de su padre junto a la ciudad de Belén.

Cierto día llevó alimento a sus hermanos mayores y pudo oír las bravatas del gigante. Como era muy valiente se ofreció a luchar contra Goliat. El rey Saúl le dijo: «Tú no puedes luchar contra el filisteo, eres un niño y él es hombre de guerra desde su juventud».

David explicó al rey que había matado leones y osos para poder recuperar las ovejas del rebaño de su padre y que estaba decidido a acabar con el filisteo.

—También mataré a ese gigante que ha insultado al ejército del Dios vivo (*Libro 1º de Samuel* 17).

Saúl se lo permitió y entonces David, con cinco guijarros en el zurrón y una honda en la mano, avanzó hacia el filisteo.

Goliat, que llevaba casco, armadura y espada, despreció al pequeño, pero David no se acobardó: sacó una piedra y se la lanzó clavándosela en la frente. Goliat cayó de bruces y el valiente David le quitó la espada y le cortó la cabeza.

✓ No me acobardaré ante el gigante Pereza; a la hora de levantarme me arrojaré de la cama como un tigre de Bengala.

✓ La Iglesia es mi Madre. La defenderé de sus enemigos, dando la cara, también cuando pueda quedar mal por hacerlo.

✓ Con ejercicios adecuados superaré mis temores: oscuridad, animales inofensivos, tormentas...

✓ La valentía no está reñida con la prudencia; por eso, no me meteré en líos ni en situaciones peligrosas, aunque me llamen cobarde.

Veracidad

Santo Tomás de Aquino fue un religioso dominico sabio, muy corpulento, alto, rubio y de muy pocas palabras; por este rasgo de su carácter, los compañeros le llamaban cariñosamente el buey mudo.

Fue profesor de Teología en la Universidad de París; escribió mucho y con mucho acierto acerca de Dios, del hombre y del mundo. Es el patrón de los estudiantes.

Cuentan que en una ocasión sus compañeros quisieron gastarle una broma y al pie de su ventana le gritaron: «Hermano Tomás, mira, está pasando un buey volando. Él se acercó a la ventana para mirar el cielo». Entonces los demás se rieron diciendo: «Se lo ha creído». Tomás, muy tranquilo, respondió:

«Antes creería ver a un buey volando que a un religioso mintiendo». Ellos se quedaron sin palabras.

✓ Diré la verdad aunque me cueste o advierta que me pueden castigar.

✓ Utilizaré la imaginación y la fantasía para el bien, no para vivir en un mundo falso o engañar a los demás.

✓ Me esforzaré por comprender lo que oigo y lo que leo.

✓ Los héroes y heroínas de la veracidad no necesitan nunca pronunciar las siguientes frases: «Te lo juro»; «te lo prometo». Sus oyentes saben que siempre dicen la verdad. Hoy mismo borro estas expresiones de mi vocabulario.

La confesión
para niños
Ilustrado por **Sara Ramiro**

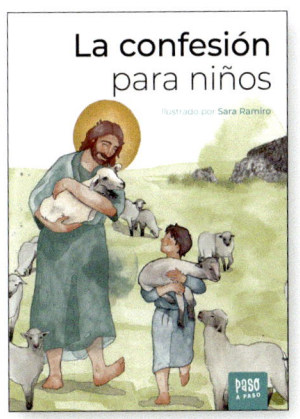

Con la Virgen
de Fátima

Enrique Jiménez Lasanta

Ilustrado por **Maribel Lechuga**

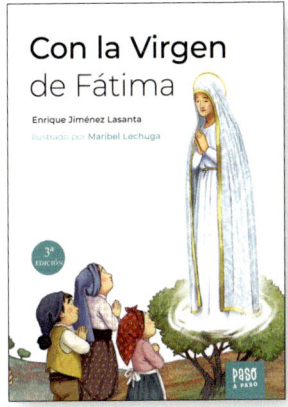

3ª edición